DANZIRLY

DAWN'S EARLY

DANZIRLY

DAWN'S EARLY

DANZIRLY

DAWN'S EARLY

DANZIRLY

GLORIA MUÑOZ

THE UNIVERSITY OF
ARIZONA PRESS

TUCSON

The University of Arizona Press
www.uapress.arizona.edu

ISBN-13: 978-0-8165-4233-8 (paperback)

Cover design by Leigh McDonald
Designed and typeset by Leigh McDonald in Goudy Modern MT Std 10.75/14 and Golden WF (display)
Author photo on p. 150 by Stephen Zane

Library of Congress Cataloging-in-Publication Data
Names: Muñoz, Gloria, 1987– author, translator.
Title: Danzirly = Dawn's early / Gloria Muñoz.
Other titles: Dawn's early
Description: Tucson : University of Arizona Press, 2021. | Parallel text in Spanish and English.
Identifiers: LCCN 2020044707 | ISBN 9780816542338 (paperback ; alk. paper)
Subjects: LCSH: Muñoz, Gloria, 1987– —Translations into English. | LCGFT: Poetry.
Classification: LCC PS3613.U67 D3613 2021 | DDC 811/.6—dc23
LC record available at https://lccn.loc.gov/2020044707

Printed in the United States of America
♾ This paper meets the requirements of ANSI/NISO Z39.48-1992 (Permanence of Paper).

Gracias a la vida que me ha dado tanto
Me ha dado el sonido y el abecedario
—VIOLETA PARRA

ÍNDICE / CONTENTS

I. SOL

II. TIERRA

III. LUNA

DANZIRLY

DAWN'S EARLY

DANZIRLY

DAWN'S EARLY

DANZIRLY

I

SOL

LOS ROMÁNTICOS

Estamos trabados y comiendo de todo: una enorme bolsa de Chex Mix,
un tarro de aceitunas.   En el medio de la cama   hay una montaña
de envolturas   de chocolatines.   Nosotros tres,   durmiendo en nuestra basura,
rebosantes   como ratas de subway   después   de un juego de béisbol.

Estamos trabados y comiendo   el amanecer mandarina mandarina   que consume
nuestros hombros paranoicos   mientras nos enterramos uno al otro
                           otra vez
                   otra vez
          otra vez   otra vez en la arena.

Estamos trabados y comiendo: la reverberación, el sudor, las armonías emo de la banda.
La nicotina se pega a nuestro pelo.   Un bajo de miel se derrite
               a través de nuestros cuerpos,
                   somos una
                   pila uniforme
                   de panqueques.

Estamos trabados   y comiéndonos las uñas   frente a nuestros padres en misa,
en el teatro del colegio, en fiestas y graduaciones. Todos ellos nacieron
en otros países.
                  Estamos supuestos a ser mejor que esto.
                        Nos colamos
                        por la ventana de la cocina
                        que sostenemos
                        con una esponja silenciosa.
                    Cada burbuja plateada susurra
                     si
                        si   *si*

cuando nos deslizamos
sobre el lavamanos y
entramos a la casa soñolienta.

Estamos trabados y comiendo Milk Duds
en otro show de medianoche   del *Matrix*.
Neo es chévere   pero es un idiota.   Nos doblamos
como tres cucharas derretidas
                alrededor   de cada uno,
                pretendiendo que estamos   soñando.

Estamos trabados y comiendo de todo   con nuestras piernas colgadas
del muelle,   la bioluminiscencia nos trepa las pantorrillas   y el humo nos inhala.
Brillamos. Brillamos.   Nos gustan los románticos   y decidimos que no lograremos
llegar más allá de los veinticinco.   Prometemos casarnos   si nos da miedo de todos
los demás.   Nuestras cabezas descansan en la madera,   la noche florece sobre nosotros.

THE ROMANTICS

We are high and eating everything: a Costco bag of Chex Mix,
a jar of olives.   There's a mountain of foil   between us
in bed   from mouthfuls of Kisses.   We three,
asleep on our trash,   brimming   like subway rats   after a baseball game.

We are high and eating   the tangerine tangerine sunrise   consuming
our paranoid shoulders   as we bury each other   again
                                                  again
                    again   again in the sand.

We are high and eating: amp feedback, sweat, the band's emo harmonies.
Nicotine sticks to our hairs.   The syrupy bass pours
                    through us,
                    we're a uniform stack
                    of buttermilk pancakes.

We are high   and eating our fingernails   in front of our parents at mass,
school plays, holidays, and graduations.   They were all born in other
countries.
          We're supposed to be better than this.   We sneak into
                              the kitchen window
                              we prop open with
                              a silent sponge.
                    Each silver soap bubble hushes
                    si
                         si   *si*

                              as we slide
                      over the sink
                      and into a slumbering house.

We are high and eating Milk Duds
at another midnight screening   of *The Matrix*.
Neo is dope   but idiotic.   We bend
like three melting spoons
                    around each other,
                    pretend we are dreaming.

We are high and eating everything   with our legs hanging off the jetty,
bioluminescence climbs our calves   as smoke inhales us.   Aglow.
Aglow.   We're into the romantics   and decide we won't make it

past twenty-five. We promise to marry each other   if we're too afraid
of everyone else.   Our heads rest on the dock   night blooms over us.

LA CLARIVIDENCIA
ALEATORIA DE MI MADRE

Será más
simple
que esto,

    pero cuando   las calabazas pintadas
          se cayeron de la repisa:
               se que
               se muere
               tu tía Ceci
               en Bogotá,
               me dijo ella,

          mientras las calabazas de ámbar
          giraban en el suelo de mármol.

Otro día,   fue tío Alberto.   Después de todo,
ella me mandó a verlo. Ese verano
          pasamos días buscando
          grafiti y contando reliquias
          en catedrales de piedra.

En una pared azul: un Cristo holográfico,   con ojos abiertos
y siguiéndonos; cincuenta y ocho crucifijos; veintitrés santos,   algunos sangrando,
                    otros con crespos
                    aterciopelados.

En Zipaquirá tomamos
café a 180 metros bajo tierra
en una catedral tallada en sal.

Ella lo supo
                    antes
de que su carro
tomara la curva
de la montaña
en el valle húmedo
de palmas de cera
y pajaritos.

El murió antes
del choque
con el río.

Pienso en la catedral de sal y susurro:
Zipaquirá
Zipaquirá
Zipaquirá
y los extraño a todos.

Qué nostálgica,
una palabra que suena
    como una partida.

MY MOTHER'S RANDOM CLAIRVOYANCE

It may be
simpler
than this,

but when   the painted gourds
                    poured from the bookshelf:
                                I know
                                your Tía
                                Cecilia
                                is dying
                                in Bogota,
                                she said,

            as the amber calabash spun
            on the marble floor.

Another time,   it was Tío Alberto.   After all,
she sent me to see him. That summer
                        we spent days tracking down
                        graffiti and counting relics
                        in cobble cathedrals.

On a blue wall: a holographic Christ,   whose eyes opened
and followed; fifty-eight crucifixes; twenty-three saints,   some bleeding,
                            others with velveteen curls.

In Zipaquirá we drink
coffee 180 meters below the earth
in a cathedral carved of salt.

She knew
               before
his car circled
the mountain's curve
in the wet valley
of wax palms
and tiny birds.

He died before hitting
the river below.

I think back to the salt cathedral and whisper:
               Zipaquirá
               Zipaquirá
               Zipaquirá
and miss everyone.

How nostalgic,
a word that sounds
like leaving.

LA NOCHE QUE MATARON A GAITÁN

9 DE ABRIL DE 1948

Mi brazo izquierdo lanza un Molotov cocktail con la mecha arrancada del delantal
de mi mamá   Ruge y rabia   en un ataque de flores rosadas   La ceniza encascara
nuestras caras   Todos somos jóvenes y viejos a la vez bajo la luz de la luna
Todo huele a ajo   las calles   las armas   las manos de mi mamá   piedras
palos palancas   machetesmachetesmachetes   Los hombres piruetean   y giran
al unísono   Si cierro los ojos su llanto suena como risa   Si cierro los ojos
la ceniza es polvo de estrellas que llueve bautismalmente Cómo absorbe la sangre
de nuestros cuellos   Contra mi pecho cuelga un corazón   de plata en llamas
apuñalado por una pequeña daga   Una menta envuelta se derrite contra
la costura   de un bolsillo   Una niña encendida corre desencarnada   llora
por su hermano   Si cierro los ojos esta noche es un diorama en una caja de cartón
con capas de sedimentos y encaje de aluminio que muestra las corrientes telúricas
que llegan a nuestros pies como un relámpago pero al revés   Todos somos buenos
y malos bajo la luz de la luna

> Si no hablo   es porque no quiero
> recordar   Hijo
> un día tendrás una hija ella crecerá
> amará   y te dejará y nunca   sabrá   en la noche
> que mataron a Gaitán lo que realmente pasó

THE NIGHT THEY SHOT GAITÁN

APRIL 9, 1948

My left arm throws a Molotov cocktail rag wick torn from mother's apron
Quick lit it roars & rages   a fit of pastel flowers   Ash rinds
our faces   We are all young & old   at once under moonlight
Everything smells of garlic   streets guns   my mother's hands   rocks
clubs crowbars chains machetesmachetesmachetes   Men   shuffle & spin
in unison If I close my eyes their crying sounds like laughter   If I close my eyes
ash is stardust raining baptismal   How it wicks blood
from our necks   Against my chest   a dangling silver heart   ablaze
& stabbed by a miniature dagger A wrapped mint from church melts cool against
a pocket seam   A child on fire runs   flesh dripping   wails
for her brother   If I close my eyes this night is a diorama   in a cardboard box
layered with sediment & laced with foil to show the telluric currents
reaching toward our feet like lightning but upside down   We are all good
and evil under moonlight

       If I do not speak   it's because I do not want to
       remember Son one day you'll have a daughter she will grow
       love leave   & never know
       the night they shot Gaitán what really happened

VIAJE EN EL TIEMPO

Descalza en un campo
con un espejo en sus manos
hacia arriba. Sus ojos siguen
los lamentos azules

del cielo. Pasando a través
de nubes refractadas.

Senos suena como
sueños. Ambos
son el tema
de cada tango
que se ha escrito.

El cielo brilla
galaxias en su piel.
Despegándose,
él quiere más
tiempo, ella quiere
su mapa estelar.

La luz de las estrellas toma
tánto en llegar a nuestros ojos
que vemos las estrellas
como aparecían hace cientos,
miles y millones de años.

Ella es más
como las mujeres
de su familia
de lo que le gustaría ser.

En el espejo sin fin
del ascensor se pregunta
si está mirando
hacia adelante o hacia atrás.

TIME TRAVEL

Barefoot in a field
with a hand-cupped mirror
tilted up. Her eyes follow
blue laments

of sky. Stepping through
refracted clouds.

Senos, the Spanish
word for "breasts,"
sounds like *sueños*,
"dreams." Both are the subject
of every tango ever written.

The sky glints
galaxies on skin.
Peeling off
each other:
he wants more
time, she wants
her star map.

Starlight takes so much
time to reach our eyes,
we see stars as they appeared
hundreds, thousands,
millions of years ago.

She is more like
the women
in her family
than she'd like to be.

In an elevator's endless
double mirror she wonders
if she is gazing
forward or back.

SEÑALES

Cada madre cose a sus hijos
de supersticiones. Decidimos
esto mientras hablamos sobre
el embarazo bajo la incandescencia
de Walgreens. Esa W—mas animal
de globo que letra—se enrosca, se abraza
y se presenta en toda su amplitud:
un tótem, piedra de fertilidad,
diosa, descabezada
y corpulenta.

Estas señales me agarran
más frecuentemente en estos días.
La curva de una toronja, la velocidad
de un motor, peonías,
caballos de mar del acuario,
la cresta de una moneda, ranura
para monedas, campanas
de viento de mi vecina,
pájaro azul, bolsa de té
hinchada, vapor de ducha
por la mañana, malaquita
en mi mesita de noche,
tus ronquidos guturales,

cualquier cosa en flor. Estoy
coleccionándolos, escuchándolos
cuidadosamente, esperando
una voz que atraviese el
tiempo para decirme *lista*.

Crecí con una madre
que buscaba señales en todo.
Este Día de Acción de Gracias otra vez
mi infertilidad está en la mesa,
entre remolachas enlatadas
y empanadas. Mis molares
muelen la mantequilla y la sal
del repollo. Añado la masticada
de cabezas frondosas a mi lista.

He sabido los nombres
de mis niños nonatos
por años. Sin embargo,
decirlos en voz alta
suena como una elegía.
Cuando pienso en tener un hijo,
me enfrento con la página
central del último *National
Geographic*: trozos de hielo
desprendiéndose de un iceberg.

Perdida en el disolverse
del mundo, sigo coleccionando:
la forma de las hojas de té,
nubes lluviosas, líneas que mi mano
hace cuando está en un puño.
¿Quizás esto significa que mi cuerpo
sólo está destinado
para cargar a mi océano?

SIGNALS

Every mother stitches her children
out of superstitions. We decide
this as we talk about pregnancy
under Walgreens' incandescence.
That *W*—more balloon animal
than letter—loops up, embraces
itself, and presents its fullness:
a totem, stone fertility
goddess, headless
and full-bodied.

These signals catch me
more frequently these days.
The curve of a grapefruit,
the rev of an engine, peonies,
aquarium's sea horses,
a quarter's ridge, a quarter slot,
my neighbor's wind chimes,
blue jay, a swollen tea bag,
morning shower steam, malachite
mound on my nightstand,
your guttural snoring,

anything in bloom. I am
collecting them, listening
closely, waiting for a voice
to reach through time
to say *ready*.

I grew up with a mother
who sought signals from everything.
This Thanksgiving again
my childlessness is on the table,
wedged between the canned beets
and empanadas. My molars
crush the butter and salt
from the Brussels sprouts. I add this
popping of leafy heads to my list.

I've known the names
of my unborn children
for years. Yet saying them aloud
feels elegiac. When I think
of having a child, I'm confronted
by the latest *National Geographic*
centerfold of ice floes detached
from an iceberg.

Lost in the continuously
dissolving world, I keep
collecting: the shape of tea leaves,
rain clouds, crease lines
my hand makes when its balled
into a fist. Meaning maybe
my body is only meant
to carry my ocean?

MIRANDO PECES

1.

Alinéalos en sus lados
y mantén tus rodillas suaves,
inclinadas—para el equilibrio,
flotando por encima de

sus cremosos cuerpos
iridiscentes. Mira
cómo brillan contra el suelo

de teca. Golpea sus cabezas
innumerables con una herramienta
llamada sacerdote. Estarán silenciosos

con un ojo que no pestañea
abierto hacia el cielo. Míralos
mirándote mirándolos
escurridos en el suelo.

2.

La subienda del salmón es un frenesí
de lentejuelas pulsando contra el tiempo,
a través de kilómetros y latidos infinitos.
Cargando su piel cadena se convierten
en flechas rojas magnetizadas hacia
el olor familiar de su hogar para procrear,
para morir, para reempezar en su tierra natal.

3.

¿Has oído del pez y las monedas,
el pez con una barriga llena de magia, el pez con anillo de oro,
pez generoso,
pez magnífico,
pez que ama con la boca abierta,
pez que tiran al agua, muerto,
pez que tiran, vivo,
pez con patas que camina a la costa,
pez profético,
pez espinoso, delicioso y venenoso,
pez misterioso con una lucecita
colgada de su frente como una pequeña luna
viajando por el profundo espacio del mar?

4.

Nuestros primeros ancestros nadaban
y todavía colgamos umbilicales.
Crecemos piernas,
separamos nuestros dedos
—bruscamente empezamos a vivir.

LOOKING AT FISH

1.

Line them up on their sides
and keep your knees soft, tilting
for balance, hovering over

their creamy iridescent bodies.
See how they glint
against the teak floorboards.

Strike their unnumbered heads
with a tool called a priest.
They will be silent

with one unblinking eye.
Watch them watch you watch them
draining into the floor.

2.

The salmon run is a sequined frenzy
pulsing against time,
through thousands of upstream miles,
infinite heartbeats. Fueling
themselves with their chain mail,
they transform into scarlet
arrows, magnetized toward the familiar
smell of home to spawn, to die,
to begin again on their natal gravel grounds.

3.

Have you heard the one about the fish and the coins,
the fish with a bellyful of magic; the fish with a gold ring,
fish bountiful,
fish magnificent,
fish who loves with an open mouth,
fish thrown back into water, dead,
fish thrown back, alive,
hind-legged fish, which walked to shore,
prophetic fish,
spiny fish, poisonous delicacy,
fish mysterious with a light
dangling from its head
like a small moon lurking
in the deep sea space?

4.

Our earliest ancestors swam
and we all hang umbilical.
We grow legs,
separate our fingers—
are suddenly
reeled into living.

NARVALES EXISTEN

un estudiante anuncia—proclama—
un martes en febrero, mandándome
en una semana entera de inmersión

en investigación de tí, Narval, cornudo
y místico habitante de la profundidad
sobre el cuál hasta ahora no he pensado mucho.

Fenómeno monodentado
te devanas para devorar a tu presa entera.
Espero nada menos de ti.

En el Internet, tienes un seguimiento
de culto, unicornio del mar
—tejido en una gorra con cuerno

imprimido en camisetas, tazas
y estuches de teléfono, tatuado en espaldas.
Hay un peluche de tí con un bigote

y un monóculo, una silla saco de semillas,
un alfiler de esmalte, zapatillas de noche y meme
después de meme después de meme de tí. Tus ojos

son siempre grandes y generosos. Una bloguera
que encontré tiene *¡estoy obsesionada*
con narvales! como la primera frase

de su bio. ¿Y cómo no estarlo?
En este mes del amor, voy a llamar este poema
un valentine, Narval. En Inuktitut

tu nombre significa *el punto
al cielo*. Este mes lanzamos
la nave más pesada al espacio exterior.

Mientras veía el lento arder
de los impulsores descendiendo, pensé en ti,
Narval. Cómo tu cuerno es una aguja

en un disco, saltando latidos del corazón.
Cómo se desploma tu pulso
mientras arremolinas en el oscuro ártico.

NARWHALS ARE REAL

a student announces—proclaims—
on a February Tuesday, leading to
a week-long deep dive

of researching you, Narwhal,
horned and mystical depth dweller
I haven't thought much about

until now. One-toothed wonder,
you whirl open to devour prey whole.
I would expect nothing less.

On the Internet, you have a cult
following, unicorn of the sea—
crocheted into one-horned beanies,

printed on T-shirts and mugs
and phone cases, tattooed across backs.
There's a plushie of you with a mustache

and a monocle, a beanbag chair,
an enamel pin, night slippers, and meme
after meme after meme. Your eyes

are always wide and kind. A blogger
I stumbled upon has *I'm obsessed
with narwhals!* as the first line

of her bio. And how couldn't we be?
In this month of love, I'll call this
a valentine, Narwhal. In Inuktitut

your name means "the one point
to the sky." This month we launched
the heaviest rocket into outer space.

As I watched the slow burn
of the descending boosters, I thought
of you, Narwhal. How your horn

is a needle on a record, skipping
heartbeats. How your pulse plummets
as you swirl into the arctic dark.

ECLIPSE

Wyoming,
Goa,
Arizona,
Daytona:
puedo contar   amaneceres   en una mano.

Rayos rompen
         la oscuridad
              como pájaros en celo

   se abren   en neón
             dejándonos   magros
y sin   salida al mar,

         mirando   hacia arriba.
         El sol era   un dios
         antes   de ser   planeta.

En caminatas,   lleno   el dobladillo de mi camisa   con raíces y semillas.

         He trabajado
         en este   jardín
         por demasiado tiempo

               para sentirme
               inmoral,
               y cada
               cotiledón
               me da esperanza.

El eclipse solar
de este año
nos eclipsa
en asombro

      por un momento.

            Pero todavía estamos tristes.

O, si nuestra tristeza

      se pudiera canalizar

      entre un agujero de alfiler

y desparramarse como   sombras de pequeñas

           media lunas.

ECLIPSE

I can count   sunrises I've seen   on one hand.

Rays shrapnel
   through   darkness
               like birds   in heat

   opening   neon
             leaving us   meager
and   landlocked,

     looking   up.
     The sun was   a god
     before   it was   a planet.

On walks,   I fill the fold   of my shirt   with roots and pods.

     I've been working
     on this   garden
     for too long

          to feel
          immoral,
          and every
          cotyledon
          gives me hope.

This year's
solar eclipse
eclipses us
into awe
       for a moment.
                    But we're still sad.

   O, if our sadness
          could spill
          into a pinhole,

scatter like tiny crescent
          moon   shadows.

GLOSA

Pienso mucho en ti, futura persona.
Como necesitarás
todos los libros que se han leído
cuando las pantallas y cables se entorpezcan.

— DANA LEVIN

A pesar del impulso constante
de embutir todas las ramas en mi boca,
para mantener un zumbido
de terrario dentro de mí
—de agacharme y excavar
con más ganas—no puedo
evitar el sentido
de putrefacción.
Pienso mucho en ti, futura persona.

¿Qué sucede cuando la magia
del polvo de raíces no funciona?
¿Cuando todo es bonsái o encapsulado en vidrio?
Confundirás raíces antiguas
con trampas de alambre.
¡Qué campo minado
te dejaremos! Oh,
cómo necesitarás.

También te dejaremos
un mierdero de concreto
y otra materia impenetrable.
Cosas armadas con la inmortalidad
en mente: relojes de sol, puentes, monumentos,
lápidas. *No te preocupes por el escombro*
del presente, tatuado en tu antebrazo.
No puedes recordar dónde lo leíste
pero se atascó. Pasarás la mayor parte
de tu vida intentando recordar algo, abriendo
todos los libros que se han leído.

Oirás hablar de nosotros,
de la era de la información
y la era de la experiencia
—cuando intentamos
aferrarnos a cada instante
con las cámaras de nuestros teléfonos.
No sé cómo te sentirás conectado
cuando las pantallas y cables se entorpezcan.

GLOSA

I think about you a lot, future person.
How you will need
all the books that were ever read
when the screens and wires go dumb.

—DANA LEVIN

Despite the constant urge
to stick all branches
in my mouth,
to keep a humming
terrarium inside me—
to bend close and dig
harder—I can't help
but sense
the rotting.
I think about you a lot, future person.

What happens when the rooting
powder doesn't work
its magic, when everything is
bonsai or encased in glass?
You'll confuse ancient roots
with tripping wire.
What a minefield
we'll have left. O,
how you will need.

We'll also leave you
a clusterfuck of concrete
and other impenetrable matter.
Things built with immortality in mind:
sundials, bridges, monuments,
tombstones. *Don't mind the rubble*
of the present, inked on your forearm—
can't remember where you read it
but it stuck. You'll spend most of your life trying
to remember, searching in
all the books that were ever read.

You'll hear about us,
of the Age of Information
and the Age of Experience—
when we tried
to hold onto
every moment
through our phone cameras.
I don't know how
you'll feel connected
when the screens and wires go dumb.

JEROGLÍFICO

El antiguo símbolo de un abrazo
en las paredes de cuevas egipcias
se parece a un nido de líneas

que se acurrullan, una más torcida
que la otra, una más amorfa.
Para resolver nuestros problemas de

desconexión, el gobierno
distribuirá capas
que se llenan de aire

para simular un abrazo
a cada persona solitaria.

HIEROGLYPHIC

The ancient symbol for embracing
found on the walls of Egyptian caves
resembles a nestling

of lines, one more crooked
than the other, one more shapeless.
To solve our modern-day

disconnectedness,
the government will distribute
coats that fill with air

to simulate a hug
to every lonely person
in the country.

CLÁUSULAS

cuando me piden que le eche ganas
cuando me dicen que no me debe importar
        cuando el comité pregunta
        si estoy planeando tener
        hijos antes

cuando me dicen que alce la voz
cuando me dicen que me calme
        cuando me preguntan porqué
        me importa
        tanto

cuando me apartan
    cuando me preguntan
    en un susurro
    si me ofendí

cuando no me piden que me una
    sólo porqué

cuando un hombre usa comillas aéreas
en torno del *feminismo*

cuando el editor me pide que baje al tono
cuando el editor me pide que le añada sabor

cuando el caso se interrumpe
cuando se desestima la acusación
        cuando el asunto se enfrenta con silencio

        cuando me preguntan si estoy bien

CLAUSES

when asked to get into it
when told not to care
        when the committee asks
        if I'm planning to have
        children before

when told to speak up
when told to take it easy
        when asked why
        do I care
        so much

when taken aside
        when asked
        in a whisper
        if I was offended

when they don't ask me to join
        just because

when a man uses air quotes
around *feminism*

when the editor asks me to tone it down
when the editor asks me to spice it up

when the case is interrupted
when the charge is dismissed
        when the issue is met with silence

        when asked if I'm okay

ALERTA ROJA

Beijing. 4 a.m. Nos saluda el smog
y hemorragias nasales. Preparadas para volar
otras trece horas suspendidas
en el cielo ictérico, atadas
en un tanque de aire comprimido.
Respira—descomprímete, estírate, acomódate
a ver a las abuelas con las toallas mojadas
sobre sus cabezas,
los bebés en abrigos de pluma, graznando.

Hace calor en todas partes este invierno,
pero por ahora estamos en una tundra de aire reciclado.
Venden aire enlatado de montaña
para países como éste. Lo sé
porque el hombre sentado a nuestro lado dice
estaba a punto de inventarlo en los ochenta.
¡Oh, su remordimiento de mediana edad!
Pero todos estamos en la cúspide

de inventar algo. ¿No?
El aire enlatado se hace realidad
por el número de mascarillas en el aeropuerto.
Recuerdo todos los datos borrosos
del mayor contaminador de carbono del mundo
y río mientras lloro en mi botella
de soda de los Alpes franceses (no en forma de cántico
pero en forma de sácame-de-esta-pesadilla).

10 a.m. Vuelvo al avión y a mi hemorragia
nasal, crujiente y pulsante. Cuando estamos
suficientemente altos, miro TV—un infomercial
de una mujer japonesa, iridiscente y cansada,
vendiendo productos de belleza. Se aplica
una máscara facial y luego (como el tiempo pasa
instantáneamente en el televisor)
se quita la máscara y se ve
más firme, más brillante. Repite el proceso: se pela
otra capa pegajosa, ahora tiene ojos más despiertos
y maquillaje y reflejos rubios, su piel es más clara.
De nuevo, se pela, y aparece una mujer diferente:
una celebridad rubia americana (es toda pestañas
y brillo de labios) inunda la pantalla. Se pela una vez más
y el viento sacude el avión y el anuncio del cinturón
de seguridad corta la estática en cuatro idiomas.

Estoy sentada al lado de mi querida amiga Eva,
que cree que hay demasiada gente en la tierra.
Si tal y cual se convierte en presidente,
definitivamente me voy a mudar, dice.
Suspiro. Ojos en blanco. Siempre está a punto
de mudarse. Pero todos estamos al punto de
algo. ¿No?

RED ALERT

Beijing. 4 a.m. We are greeted by smog
and nosebleeds. Prepared to fly
another thirteen hours suspended
in the jaundiced sky, strapped
in a steel tank of compressed air.
Breath in—unzip, expand, sit back,
and watch the grandmas with wet towels
draped over their heads,
the babies in puffer coats, squawking.

It is warm everywhere else this winter,
but we are in a tundra of recycled air.
They sell canned mountain air
for countries like this. I know
because the man sitting next to us says
he was on the verge of inventing it in the '80s.
Oh, his middle-aged remorse!
But, hey, we're all on the cusp

of inventing something. Aren't we?
The canned air is made real
by the number of face masks in the airport.
I recall all the smudged data
from the world's largest carbon polluter
and laugh while crying into my bottle
of French Alps seltzer (not in a canticle manner
but in a wake-me-up-from-this-nightmare kind of way).

10 a.m. Back on a plane
and back to my nosebleed, crusty and pulsing.
When we are high enough,
I watch TV—an infomercial
of a Japanese woman, iridescent and tired,
selling beauty products. She rubs on a mask
and then (as time passes instantly on television)
she peels off the film and looks
firmer, brighter. She repeats the process, peels
another sticky layer away, she now has wider eyes
and makeup on and highlights, her skin is lighter.
Again, she peels, and a different woman appears
altogether: a blonde American celebrity
(all lashes and lip gloss) floods the screen.
She peels once more and our plane is jostled
as the seat belt announcement cuts
the static in four languages.

I'm sitting next to my dear friend Eva,
who believes there are too many people on earth.
If such and such becomes president,
I am definitely moving, she says.
Sigh. Eye roll. She is always on the brink
of moving. But we are all on the brink of
something. Aren't we?

CAPTCHA EN RETROCESO

Si puedes diferenciar
Courier *a* de Palatino
&, entonces estás hecha

y libre para seguir navegando.
La luna en Sagitario de esta noche
promete una tormenta

de oportunidad y trabajo.
Pero no puedes moverte,
hoy no. ¿Por qué levantar

un dedo cuando esta
bola ocho mágica de búsqueda puede traerte
todos los terrores y alegrías

de tu imaginación? ¿Es una picazón
para rascarse o un rasguño para picar?
Lo que sea. Ya sabes

que te quedarás ahí un rato
flotando sobre el cuerpo en el sofá:
una inmóvil polilla

aferrándose a un aura azulada.
La única interrupción pregunta:
¿Sigues ahí?

CAPTCHA IN RETROGRADE

If you can differentiate
Courier *a* from Palatino
&, then you're golden

and free to keep browsing.
Tonight's moon in Sagittarius
promises a storm

of opportunity and networking.
But you can't move,
not today. Why lift

a finger when this magic
eight-ball search bar can bring
you all the terrors and joys

of your imagination? Is it an itch
to scratch or a scratch to itch?
Whatever. You know

you'll hover here a while
above the body on the couch:
the unflinching moth

clinging to a bluish aura.
The only interruption asks,
Are you still there?

II

TIERRA

DANZIRLY

Serpenteando por las rocas rojas titánicas.
Tengo catorce años. Es el primer viaje por carretera
de mi familia; vamos en camino a un funeral.
Claro, mi madre repite en cada parada.

En cada entrada, *por Dios*. Manejamos de Florida a Colorado
en una camioneta sin aire acondicionado. Es julio.
Estas vacaciones, quiero mostrarles este país, dice mi padre. *América*
—la palabra llena el carro con aire de fábula y triunfo.

*Vine aquí sin nada, sólo una bolsa de libros. Sin trabajo. Saben,
aprendí inglés en la radio: música country*. Mi hermana sube
el volumen de su Walkman; yo suspiro pensando en tener
que escuchar música country durante las próximas nueve horas.

Este es tu país, exclama, casi anunciándolo a los valles
cuando paramos en un mirador. Sermonea a: estatuas de bronce
en paradas de descanso, campos de girasoles abiertos, la
majestuosidad de las montañas púrpuras, ríos, puentes y parches

de antenas y turbinas. *Oh, say can you see by the danzirly light?*
Sí, *danzirly*. Cuando aprendió el himno, decidió
que este adjetivo era lo más glorioso de la lengua inglesa.
Saludaba a extraños en el mercado con:

¡Qué día tan danzirly! El resplandor de la puesta de sol, *danzirly*;
la música de risa histérica, *danzirly*; la envergadura de un pelícano,
un cupón de correo, deslizar un cuchillo en una nueva tina
de mantequilla, todo *danzirly*.

El ahora sabe que es *dawn's early*, pero en este viaje las palabras
crean un compuesto místico. Atendemos al funeral: gaitas,
lágrimas, miradas familiares distanciadas. Volvemos al camino
y él continúa—*for the land of the free*

and the home—manejando lentamente en cada trampa
de velocidad. Después de veintidós años en este país, todavía teme
a los policías. Hemos ensayado el protocolo, por si acaso: exagera
el patriotismo, sonríe.

Mi padre sigue hablando como un loro mojado
(como dice mi madre). El viaje de regreso es lleno de historias
de fábricas en las que ha trabajado. Salta sobre episodios
de discriminación. *Este es tu país*, repite,

en el acento que he visto a la gente imitar cuando eligen hablar
conmigo en vez de con mis padres. *Eres Americana*, dice,
no ingenuamente, sinó completamente agradecido de vivir
bajo este *dawn's early sky*.

DAWN'S EARLY

Winding through titanic red rocks.
I'm fourteen. It's the first road trip
my family's ever taken; it's attached to a funeral.
Claro, my mother repeats at every stop.

At every merge, *por Dios*. We drive from Florida to Colorado
in a van with no AC. It's July.
These vacaciones, I want to show you this country, my father says.
América—the word fills the car with the air of fable and triumph.

*I came here with nothing but a bagful of books. Jobless. You know,
I learned English from the radio: country music*. My sister turns up
her Walkman, & I groan at the thought
of listening to country music for the next nine hours.

This is your country, he exclaims, as if announcing it to the valleys
when we stop at a lookout. He sermonizes to: bronze
statues at rest stops, fields of open sunflowers, *the majesty
of purple mountains*, rivers, bridges, & patches of antennas

& wind turbines. *Oh, say can you see by the danzirly light?* Yes,
danzirly. When learning the anthem, he claimed this adjective
as the most glorious exclamation in the English language.
He greeted strangers at the grocery store with:

What a danzirly day! The afterglow of sunsets, *danzirly*;
the trailing of hysterical laughter, *danzirly*; a pelican's wingspan,
a coupon mailer, gliding a knife on the surface of a new tub
of butter, all *danzirly*.

He now knows it's *dawn's early*, but on this road trip
it's a mystical compound. We attend the funeral: bagpipes,
tears, estranged family glances. Back on the road,
he continues—*for the land of the free*

and the home—driving too slowly at every speed trap.
After twenty-two years in this country, he's still afraid
of the cops. We've rehearsed the protocol, just in case: act
overpatriotic, smile.

He continues talking like a *loro mojado*
(as my mother says). The drive back is full of stories
of factories he's worked in. He glosses over
discrimination. *This is your country*, he repeats,

in the accent I've watched people imitate & smirk at, electing
speak to me instead of my parents. *You are American*, he says, not
naïvely, but brazenly grateful to live
under this dawn's early sky.

EL VETERANO ESTACIONADO EN SU SILLA DE RUEDAS EN LA INTERSECCIÓN CON SU COBRADOR DORADO A SUS PIES TIENE UN LETRERO QUE DICE: *TOMARÉ CUALQUIER COSA*

Se parece a mi abuelo pero con ojos azules.
Mi abuelo resentía a los vagabundos;
no eran parte de la América que imaginaba
en los años sesenta. Fueron dejados fuera
de sus cartas y llamadas. Porque ellos,
con sus pulgas y cartón y su frenético
por favor, un dólar, una comida
para mis hijos, etcétera—lo hacían recordar.

Mi abuelo, que con velocidad de cuento de hadas
desencantado pasó de ser un político
en Colombia a ser un mecánico en Queens.

Un mes antes de morir, intentó vivir
el sueño americano comprándole
a sus hijos computadoras, aspiradoras,
televisores. Convirtiéndose en un mejor
Católico, en un mejor marido. Deshaciendo
su paternidad con regalos y rosarios,
para no ser recordado mal.

Por medio año mi madre mantiene
las gafas de mi abuelo en su cartera,
junto con su tarjeta de la biblioteca,
que usa dos veces por semana.
Frecuenta el primer piso,

donde se sentaba con su padre
enfermo a buscar recortes de periódico
en la microficha. Un vagabundo
de ojos bizcos usa ahora las gafas de concha
de tortuga de mi abuelo.

Ella le trae café dos veces a la semana
y cerca de los periódicos intercambian
noticias sobre el clima, sus familias,
sus pérdidas.

THE VETERAN PARKED IN HIS WHEELCHAIR AT THE INTERSECTION WITH HIS GOLDEN RETRIEVER AT HIS FEET HOLDS A SIGN THAT SAYS: *I'LL TAKE ANYTHING*

He looks like a blue-eyed
version of my grandfather,
who resented the homeless
because they were not
a part of the America
he envisioned in the '70s.

They were left out
of his letters and phone calls
home. For they, with their grit
and cardboard and frenetic
please, a dollar, a meal,
for my children, et cetera—
reminded him. My grandfather,

who in disenchanted-fairy-tale speed
went from being a Colombian
politician to a mechanic in Queens.

A month before dying, he tried to live
the American dream by buying

his children computers, vacuums,
televisions. He became a better
Catholic, a better husband. Undid
his fathering with gifts and rosaries,
so as to not be misremembered.

For half a year my mother keeps
his glasses in her purse,
along with her library card,
which she uses twice a week.
She frequents the first floor,

where she once sat with her ailing father
looking up newspaper clips
on the microfiche.
A squint-eyed homeless man
now wears my grandfather's
tortoiseshell glasses.

She brings him coffee twice a week,
and near the periodicals
they exchange news about
the weather, their families,
their losses.

EL OSO

La niña de seis años me cuenta
sobre el simulacro de la escuela:
cómo la alfombra le tallaba
las palmas, cómo le picaban
las rodillas, cómo olía a orines
y cereal debajo del escritorio,
cómo empezó a cantar
pero fue rápidamente silenciada
por: *No, no se puede cantar*
cuando llegue el oso.

Si llega hubiera sido una mejor opción
de palabras. El oso tiene dientes
y garras, el oso quiere cenar.

Si llega el oso.
Muchos de estos niños
nunca han visto un oso pero saben
que podrían conocer a uno en cualquier
momento, y saben que se tienen que volver
más silenciosos, más pequeños.

THE BEAR

The six-year-old tells me
about the drill at school:
how the carpet imprinted bumps
in palms and knees and made them itchy,
how it smelled like pee and cereal
under the desk, how she started singing
but was quickly silenced by
*No, there's no singing
when the bear comes.*

If would have been a better word choice.
The bear has teeth and claws,
the bear is out for dinner.

If the bear comes.
Many of these children
have never seen a bear
but they know they could meet one
at any minute, and they know
to become quieter, smaller.

LLORONA

Todos los lugares públicos donde he llorado:
aeropuertos, playas, parqueaderos

—tantos—salas de espera,
parques, andenes de trenes,

bancos. ¿La pérdida de quién
se derrama? El destilado azul

en la taza sin platillo de Rilke
fue diluido con lágrimas

para ser más soportable.
En el café de esta mañana

mis lágrimas se disolvieron como cometas
en la oscuridad. Si necesito un buen llanto

miro a ese astronauta cantando
"Mayor Tom," tocando su guitarra.

Las lágrimas de astronauta son gelatina.
Esta física hace de mi corazón

confeti. *Eres demasiado emocional*,
dijiste, mientras mis ojos irrigaban

las flores. En la India, Colombia,
Chile, Japón y Filipinas,

todavía puedes contratar a una plañidera
profesional. Llorar en público

debería ser más fácil. Designados
árboles o cimas de colinas podrían ayudar.

O una hora de lágrimas,
cuando podemos aullar al unísono

y luego volver a nuestra
diligencia, a lo diario.

El llanto es inevitable
cuando los titulares suenan

como réquiems. Cuando
Cihuacoatl profetizó

la conquista de México
lo único que podía hacer era llorar.

LLORONA

All the public places I've cried:
airports, beaches, parking lots—

so many—waiting rooms,
parks, train platforms,

benches. Whose loss
is shed? The bluish distillate

in Rilke's saucerless cup
was watered down with tears

to be more bearable.
In this morning's coffee

tears dissolved like comets
into darkness. If I need a good cry

I watch that astronaut singing
"Major Tom," playing his guitar.

Astronaut tears are Jell-O.
Even this physics makes my heart

confetti. *You're too emotional*,
you said, as my eyes irrigated

the flower beds. In India, Colombia,
Chile, Japan, and the Philippines,

you can still hire a professional
mourner. Crying in public

ought to be easier. Designated
trees or hilltops might help.

Or an hour of tears,
when we can howl in unison

and then return to our
diluteness. I mean dailiness.

Crying is inevitable
when headlines read

like requiems. When
Cihuacoatl prophesied

the conquest of Mexico
all she could do was cry.

IMPORTADO

Después del brunch en el templo budista,
paramos en Ikea. Te muestro un molde
de cubitos de hielo en paralelogramo
y hablamos de la artesanía de tiki cócteles.
Me sigues la corriente asintiendo con la cabeza
mientras respondes a un texto
en tu nuevo iPhone. ¿Es éste el plástico
del sueño americano de mis padres?

IMPORTED

After brunch at the nearby Buddhist temple,
we stop at Ikea. I hold an oversized
parallelogram ice cube mold
and talk about craft tiki
cocktails. You humor me by nodding
while responding to a text
on your new iPhone. Is this the plastic
of my parents' American dreams?

ASIMILACIÓN

Imagino que la piel de la cresta de tu nariz
sería la más fácil de cortar, pero la incisión debe hacerse
en el borde interior de las fosas nasales para ocultar cualquier signo
de alteración. Luego, la piel se rebana del fibroso cartílago
y se pela como un guante húmedo. Si su nariz está demasiado encorvada,
su cresta puede ser lijada a una delicada colina. Si su nariz es muy plana,
puedo inyectarle una montaña con punta perfecta.
Dibujaré la línea primero en su párpado para extraer
la carne que parpadea—levanto, jalo, coso—y mientras
estamos aquí, podríamos también extender las costuras de tus ojales.
Unos ojos más grandes te estarán esperando, levantados y magullados
—las brillantes y translúcidas cáscaras pronto expondrán
envidiables lichis madurando en sus cavernas.
Si su cara es demasiado llena, abra la boca como un pescado
muerto y tallaré su contorno—mi bisturí se curva
alrededor de sus sueños de ancestros, mientras mis pinzas quitan
la grasa excesiva y el linaje de su mejilla y quijada. También puedo cortar
el músculo debajo de la lengua de su niñito para ayudar a suavizar
sus consonantes y vocales. Para permitirle lamber completamente la sintaxis,
para saborear el lenguaje del éxito, para flexionar y acentuar su lengua
para decir *what* y *who* y *where* y *ready*.

ASSIMILATION

I imagine the skin on the ridge of your nose
would be the easiest to slice, but the incision must be made
on the inner rim of the nostrils to hide any sign
of alteration. Then, the skin is scythed from fibrous
gristle and peeled off like a damp glove.
If your nose is too hunched, its crest can be sanded
to a delicate slope. If your nose is too flat, a mountain range
can be grafted and cinched at the tip.
I'll draw the line first in the fold of the lid to extract
the blinking flesh—lift pull sew—and while
we're here, we might as well slit the edge seams further.
Your wider eyes will be waiting lifted and bruised
—soon shiny translucent rinds will expose
enviable lychees ripening in the sockets.
If your face is too full, open your mouth fish wide
and I'll carve your contour—as my scalpel curves around
your dreaming of ancestors, as my tweezers pull the excess
fat and lineage from your cheeks and chin.
I'll snip the muscle below your toddler's tongue
to help silken his consonants and vowels.
To allow him to lick fully the syntax, to savor
the language of success, to flex and flare
his tongue to say *what* and *who* and *where* and *ready*.

LATINA LUCY

está casada con un Ricardo blanco
que incansablemente toca una tabla
de lavar cada noche en el bar de la esquina,
donde ella sirve whisky sours & cerveza
en botas de vidrio heladas y cuenta chistes
a cubitos de hielo entre órdenes.
Lleva pantalones deshilachados
y camisa de cuadros, una baja V.
Las propinas son para sus curvas,
sus rizos, y para el pequeño Ricky,
que tiene cáncer y está esperando
que ella vuelva a casa pero
tiene que cerrar el bar. Rick no se gana
nada tocando la tabla de lavar.

LATINA LUCY

is married to a white Rick
who rubs a washboard
numb each night at the corner
dive, where she serves whiskey
sours & beer in cold glass boots
& cracks jokes into clinking
ice cubes between orders.
She wears frayed cutoffs
& plaid, a low V. The tips
are for her curves, her
curls, & for little Ricky,
who has cancer & is waiting
for her to come home but
she has to close. Rick doesn't
make any money
from the washboard.

LATINA LEIA

está harta de este bikini dorado.
Entre tomas, es observada; entre tomas
le pellizcan las caderas; el diseñador
le chequea el escote lateral; largos mechones
de su pelo negro se rompen por el peso
de la cadena que cuelga de su cuello.
Ella es una burra en esta escena, como Soledad,
la mula que su abuela tenía en su finca. *Acción*
—*pelea*, le dicen, *¡ahórcalo con fuerza!* Ella quiere
un poco de armadura, ella quiere no preocuparse
por mostrar un pezón.

La tela entre sus piernas, que podría
ser tafetán de un traje de quinceañera, la irrita
hasta que acepta sumisión. Cuando trata
de cambiarse después de la sesión, descubre
el forro de cuero fundido a su piel.
Tiene que ser removido quirúrgicamente
por un hombre que pronuncia los acentos
en su nombre con extra bravado.
A medida que se hunde en la inconsciencia
en la mesa de operaciones, él le pide
una foto, por su autógrafo.

LATINA LEIA

is fucking tired of this golden bikini.
Between takes she is ogled; between takes
her hips are pinched; wardrobe does side-
boob checks; strands of her black hair are torn
out by the chain dangling from her neck.
She's an ass in this scene, like Soledad,
the mule her abuela kept on her finca. *Action—*
fight, they say, *choke him hard!* She wants some
armor, to not worry about a nipple slip.

The cloth between her legs, which might
as well be quinceañera taffeta, chafes
her into submission. When she tries
to change after the shoot, she finds
the leather lining melded to her skin.
It has to be surgically removed by a man
who pronounces the accents in her name
with extra bravado. As she slips into
unconsciousness on the operating table,
he asks for a photo, for her signed name.

LATINA HILLARY

quiere gritar *¡Sí, se puede!*
desde el podio, pero tiene
demasiado miedo de que caigan
sus índices de popularidad,
entonces frunce sus labios entre frases
y sólo postea fotos de árboles de arce,
aunque por dentro ella es toda palmas
y papayas. Viste de azul marino y blanco.
Aguanta las riendas de su acento,
deshace el eco de sus erres.
Come granola y yogur detrás
de sus gafas de sol, se manda poner rayitos
más rubios porque las encuestas dicen
que su pelo parece muy despelucado;
un grupo de enfoque reciente
dijo que parecía cabello de bruja.
Ella se rinde, por los ratings,
aunque el cloro hace
que se le caiga el pelo
y ahora tiene que usar peluca,
que los medios llaman su casco.
Ella no es lo suficiente cálida, sabes,
como las latinas deberían ser,
alguien tuitea de Utah.
Desarrolla un tic y tiene que ir
a las camas de bronceado
para gritar bajo un pabellón
de bombillos de 220 vatios.
Ella persiste en su piel luminosa

y trajes blancos y le ruega a la Virgen
de Guadalupe cada noche
en su tour del Cinturón Bíblico.
Las carteleras la muestran
como una dragona pomposa.
Tiene demasiada mordedura,
un hombre tuitea desde Virginia,
demasiado fuego. Ella se congela
con Botox y presiona dos zafiros
sobre sus ojos cafés. Se abren
como rayos antes del gran debate.
La luz blanca refleja de su traje blanco
mientras camina por la neblina
y la música pulsante al podio.
Su sombra, larga y delgada,
es extraterrestre.

LATINA HILLARY

wants to shout *¡Sí, se puede!*
from the podium, but she's
too afraid her ratings
will plunge, so she purses
her lips between sentences
and posts only photos of maple
trees, though inside she's all
palmas and papayas. She wears
navy and white. She reins in
her accent, undoes the echo
in her *Rs*. She eats granola and yogurt
behind sunglasses, gets blonder
highlights because polls
say her hair's too ratty;
a recent focus group called it
witchy. She obliges, for the ratings,
though the bleach makes
her hair fall out and now she
has to wear a wig. The media
calls it her helmet. *She just isn't warm*
enough, you know, like Latinas
should be, someone tweets
from Utah. She develops a twitch
and has to go into tanning beds
to scream beneath a canopy
of 220-watt bulbs. She persists
in her day-glow skin and white
suits and pleas to la Virgen
de Guadalupe each night

of her Bible Belt tour.
Billboards display her
as a bombastic dragoness.
She has too much bite,
a man tweets from Virginia,
too much fire. She ices up
with Botox and presses
sapphires into her brown
eyes. They flash open
backstage before the big debate.
White light bounces off her white suit,
and she strides through the fog and blaring
to the podium. Her shadow,
long and lean, is extraterrestrial.

HIMNO LIBRO

¿Tienes un pequeño cofre para poner lo vivo adentro de?
—EMILY DICKINSON, CARTA 233 A THOMAS HIGGINSON

Un perfil
se hace
por lo que
está retraído:
la curva,
el surco,
la cresta.

Cómo el aire
mantiene la piel,
que contiene
cavidades, extendidas
para contener
cada personaje.
El mentón del héroe
es caprichoso.
La frente del antagonista
es insegura.

En esta escena,
yo soy la ingenua
sin rostro. Aquí,
seré la primera
en decir que me
he olvidado de ti.

Estoy en una constante
déjà vu cuando
la historia se desdobla
en sí misma.

Dime que después
de todo don Quijote
tenía razón.
Los molinos de viento
eran gigantes y
las granjeras,
doncellas justas
y el burro,
un caballo y
el lunático,
un caballero,
o el caballero,
un lunático.

En la hierba
escucho a las abejas
picando a otras abejas.
¿Si me doblo dentro
de mí misma, doblo
dentro de mí misma,
doblo dentro de
—me cargarías?

BOOK HYMN

Have you a little chest to put the alive in?
—EMILY DICKINSON, LETTER 233 TO THOMAS HIGGINSON

A profile
is made
by what
is retracted:
the slope,
groove,
the crest.

How air
holds skin,
which holds
hollows, stretched
thin to contain
each character.
The hero's chin
is a fickle one.
The antagonist's
brow is insecure.

In this scene,
I am the faceless
ingenue. Here,
I'll be the first
to say I have
forgotten you.

I'm in a constant
déjà vu as the plot
folds further
into itself.

Tell me
Don Quixote
was right
all along.
The windmills
were giants &
the farm girls,
fair maidens
& the donkey,
a steed &
the lunatic,
a knight
or the knight,
a lunatic.

In the grass
I'm listening
to bees stinging
other bees.
If I fold into
myself, fold
into myself,
fold into—
would you
carry me?

LOS ÚLTIMOS RITOS

Mi padre me muestra el lago
donde quiere ser dispersado.
Recuerda, él dice, cada vez que
pasamos por su lago.

Mi madre me hizo
ayudar a elegir la lápida de su madre:
una tajada de mármol gris
—rosario tallado, *Elena*,
la silueta de un ángel gordito.

Nuevas tendencias de entierro
incluyen ser plantados
como un árbol o entrelazado
en munición de armas.

Mis cenizas podrían alimentar las raíces
de un árbol joven que sombreará a mi futura
hija o apuntar con firmeza a una cabeza
—desgarrar el pecho caliente
de un venado cayendo en una cama
de agujas de pino.

ON DEATH RITES

My father shows me the lake
he wants to be scattered in.
Remember, he says each time
we pass his lake.

My mother made me
help choose her mother's tombstone:
a gray marble slab—
carved rosary, *Elena*,
a plump angel's silhouette.

New burial trends
include being planted
as a tree or laced
into gun ammunition.

My ashes could feed the roots
of a sapling and shade my future
child or aim steady at a head—
tear into the warm chest
of a deer falling to a bed
of pine needles.

VUELO MAÑANERO

PARA JÓHANN JÓHANNSSON

Las terminales B a D de La Guardia huelen a semillas
de alcaravea. La gente balancea teléfonos y bagels

y buscan enchufes. Bajo este abrigo, mi camiseta
está arrugada y mi equipaje de mano sobrecargado niega

a permanecer derecho, así que está entre los talones
de mis tenis. He derramado café en mi manga derecha

dos veces. Estoy absorta en luz por el zumbido de las fluorescentes
y los tonos platónicos utilizados para los espacios públicos;

y porque cuando aterrizan, los aviones son relámpagos; porque
la vieja pareja retroiluminada frente a mí se ve translúcida—

sus bordes suaves. "El mundo ahogado" se derrama
de mis audífonos y me llena con flecos de agua y sol.

Has marcado mis días de escribir durante tanto tiempo,
y quería agradecerte escribiendo un poema que traduzca la luz

como lo haces en tus composiciones. Todavía estoy trabajando
en ese poema. La semana después de tu muerte, atendí una taller

de iluminación para cine donde el instructor abrió diciendo: *Si
quieres aprender sobre la luz, primero debes entender la sombra.*

MORNING FLIGHT

FOR JÓHANN JÓHANNSSON

Terminals B through D at La Guardia smell like caraway seeds.
People balance phones and everything bagels

and search for an outlet. Under this coat, my T-shirt is
wrinkled and my overpacked carry-on won't stay

upright, so it's wedged between my sneaker heels.
I've spilled coffee into my right sleeve

twice. I'm rapt in light because of the buzzing fluorescents
and the platonic shades used for public spaces;

and how, as they land, planes are mostly flashes; because
the old backlit couple seated across from me looks translucent—

their edges soft between. "The Drowned World" seeps in
from oversized headphones and fills me with scattered water

and sun. You've scored my writing days for so long, and I wanted
to *thank you* by writing a poem that translates light

how your compositions do. I'm still working on that poem.
The week after you died, I attended a lighting

for film workshop where the instructor opened by saying: *If
you want to learn about light, you must first understand shadow.*

TU BIOMA TE ENCUENTRA

¿Y quién besará para abrir
la columna vertebral del helecho de la resurrección,
encorvado como una viuda, como un niño avergonzado?
Cómo se traba y esconde y broncea
bajo el sol—las manos de un obrero
recogiendo tomates ampollados
o un montón de huesos, tal vez
huesos de pájaro, pequeños, secos, silenciosos.

        Aquí está el estero más húmedo y grueso
        de tu pantano interior. Y aquí,
        tu tundra de musgo, roca y arbustos.
        Aquí está lo que perdiste,
        tal vez la cosa más triste o más bella
        —¿recuerdas? De repente fue extraído
        —como la columna vertebral de un pez es arrancada
        de su cuerpo abierto sobre una plato abierto.

Aquí eres indefenso y salvaje,
un murmullo de estorninos llena tu pecho.
Las cigarras gritan petrificadas
desde los árboles. Los sonidos
de la naturaleza afilan tus dientes.

        Es noviembre. Escamas de pez dorado crujen
        bajo tus suelas, el aroma otoñal
        de un incendio te inhala, las aves van y vienen.
        Sumando todas las cosas muertas que cargas,
        te das cuenta de que hay tanta tierra dentro de ti.
        Aún así, tus oídos de nautilos escuchan, esperando
        para oír tu mar nativo.

YOUR BIOME HAS FOUND YOU

And who will kiss open
the spine of the resurrection fern
hunched like a widow, like a shamed child?
How it locks and hides and browns
under the sun—a laborer's hands
picking blistered tomatoes
or a pile of bones, perhaps
bird bones, small, dry, silent.

Here is the damp and thickest marsh
of your interior wetland. And here,
your tundra of moss, rock, and shrub.
Here is the thing you lost,
perhaps the saddest or loveliest thing
—remember? It was suddenly taken—
as a fish spine is plucked from
its open body on an open plate.

You are helpless and wild here,
a murmuration of starlings in your chest.
Cicadas scream petrified from treetops.
The feral sounds of wilderness
sharpen your teeth.

It is November. Goldfish scales crunch
under your soles, the autumnal scent
of a fire inhales you, the aerials come and go.
Adding up all the dead things you carry,
you realize there is so much dirt in you.
Still, your nautilus ears listen, waiting
to hear your native sea.

CICLO DE PALOMAS

Salí de la pieza cuando oí tu último suspiro.
¿De ahora en adelante, debo pensar en ti como piel
dejada en el cuarto? Mi viejo, moreno y delgado,
en esta noche recuerdo tu muerte.
Los pies en la procesión se arrastran por debajo
de tus huesos y tu cabello peinado, mujeres encogidas rezan
para no ser abandonadas, como ella. Otros
dicen que recibiste justo lo que te merecías. La amenaza
de la lluvia timbra en el aire húmedo—olas verdes.
Enojados, tus hijos están enojados contigo
mientras cantamos himnos, himnos que te encantaban
en misa. Oh, cómo los cantabas en tu cama de hospital.
Y no llueve y nadie canta y sus lágrimas
no me dejan mirar hacia otro lado.

En perlas y gris planchado, tu viuda llora
sin sonido. El cielo está en ella o ella está en
el cielo—es musgo español, es paloma triste
en una tormenta. Tronando: mi madre viste de azul
marino. Busco en la túnica negra y barriga
hinchada a mi amiga, que antes bailaba
con tacones y seda apretada hasta el amanecer.
Está marmolizada, con un hijo y otro en camino.
Dos asientos atrás, en un vestido prestado, pelo esmalte
cobrizo de mis uñas—el color, *una moneda*
por tus pensamientos. Daría mucho más
por saber los tuyos sobre él:
alguien que nunca conociste sostiene
mi mano delicadamente como una concha rota.

Estoy en tu funeral con un alguien que nunca conociste.
Es educado (de una manera que quizás hubieras encontrado
condescendiente). Insistió en venir.
Abuelo, moriste creyendo que yo aún estaba enamorada
del muchacho de largas piernas que fumaba
en la azotea y leía poesía épica. Ahora
la cera se quema y se forma una línea para observar
tu cofre hundirse en la tierra. Cuando
hayas sido empujado lo suficientemente profundo,
te bañaremos con tierra, rosas, agua bendita
y gardenias. Esto te alimentará ahora.
Quiero gatear a través del tiempo y el espacio
para aprender tus secretos. Te encontraré
vagando en un palacio en una orilla granate.

Tú en un palacio, vestido como un joven
maharajá—ojos grandes llenos de travesuras
y delineador, preparado para navegar hacia
lo desconocido. Pero todo lo que puedo pensar es en esa piel
dejada en el cuarto—canas, sudor frío,
uñas de los pies resquebrajadas y amarillas, óxido
seco en tu garganta. Tu cuerpo, un escurridizo
espantapájaros cubierto de llagas del colchón.
Enséñame de nuevo cómo apostar, dime
cómo jugar a los rasca y gana, cuándo plantar flores.
Vamos a fingir fumar con palitos de tiza mientras leemos
subtítulos de novelas. Dame acertijos que me hagan rodear
mis erres, dame de comer mate o cualquier hierba
—y luego me reí en tu funeral…

Y, sí, me reí cuando las palomas
que estaban supuestas a salir volando de una caja
de madera y sobre tu tumba mientras te acunaban
en la tierra no salieron. Más tarde,
me enteré de que murieron en el garaje oscuro
de una mujer demasiado distraída. Dijimos una oración
final por tí mientras un lamento de palomas
arañaba y golpeaba con fuerza dentro de un baúl
abandonado—una nube de plumas hinchada y yerta.
Todavía tibia. Y tú, con las uñas
recortadas y los ojos cosidos,
me hiciste sonreír. Nadie le contó
nunca a mi abuela de los pájaros
o de las otras mujeres que tuviste.

Nadie le dijo a mi abuela
sobre las mujeres—las que dejaban
de comer para caber en medias de costura negra.
Llevadas a camas de hoteles y disfrazadas
para fiestas y cenas familiares
en frente de la mujer que tuvo tus
cuatro hijos, que trabajó en fábrica tras fábrica
(cosiendo, vendiendo, alineando y manteniendo
las apariencias) cuando lo perdiste todo,
la que cambiaba tus pañales cuando te convertiste en niño
de setenta y ocho años. Nadie dijo una palabra.
Dijeron que fuiste criado para amar a los caballos
y las mujeres. Galopando en suelas europeas
—ganas, pierdes, ganas, pierdes, pierdes, tú

—ganas, pierdes, ganas, pierdes. Encuentras
fe en cada recorte de papel doblado,
en los billetes de lotería, en casetes y periódicos
que nunca botabas. No me dejaste
oro blanco o zafiros en una caja de metal
sino una maleta llena de cartas, estampillas,
fotografías. Esa noche suena el teléfono;
es tu hermano llamando para despedirse.
Y tú, que ya no puedes hablar
sin ahogarte, gritas, lloras, golpeas
tu cabeza contra la almohada. Rocas están cayendo
del cielo y te han golpeado
en el estómago, con el rosario bien apretado en tu mano
—Salí de la pieza cuando oí tu último suspiro.

DOVE CYCLE

I left the room when I heard your last breath:
hereafter, must I think of you as skin
left in the room? Mi viejo, dark and thin,
on this evening I remember your death.
The feet in the procession drag beneath
your bones and combed hair, shrunken women pray
to not be left behind, like her. Others
say you got just what you deserved—the threat
of rain rings petrichor. Wafts of green.
Angry, your children are angry with you
as hymns are sung, hymns you loved at mass.
O, how you sang them in your hospital bed.
And it doesn't rain, and no one sings, and
her tears won't let me look away.

In pearls and ironed gray, your widow weeps
without sound. The sky is in her, or she's in
the sky—she's Spanish moss, she's mourning
dove in a thunderstorm. Thundering,
my mother's in navy. I search black tunic
and growing belly for my friend, who once danced
in heels and tight silk till dawn to dirty
beats. She's marbleized, with a son
and another on the way. Two seats back,
in a borrowed dress, I peel copper polish
off my nails—the color, *a penny*
for your thoughts. I'd give many more to know yours
about him: someone you never knew
holds my hand softly like a cracked shell.

I'm at your funeral with a man you never knew
existed. He's polite (in a way you might have found
condescending). He insisted on coming.
Abuelo, you died believing I was still in love
with the long-limbed boy who smoked
on the rooftop and read epic poetry. Now
wax burns and a line forms to watch
your casket plunge into the earth. Once
you have been pushed deep enough,
we'll shower you with dirt, roses, holy water,
and gardenias. This will feed you now.
I want to crawl far through time and space
to learn your secrets. I'll find you
wandering in a palace on a garnet shore.

You in a palace, dressed like a young
maharaja—big eyes full of mischief
and eyeliner, prepared to sail off into
the unknown. But all I can think of is that skin
left in the room—graying, sweating cold,
cleft-cracked yellow toenails, dried rust
in your throat. Your body, a wrung-out
scarecrow covered in bedsores. Teach me again
to gamble, tell me how to play scratch offs,
when to plant flowers. Let's pretend
to smoke with chalk sticks while reading
novella subtitles. Give me riddles that make me
roll my *Rs*, feed me *mate* or any herb—
and then I laughed at your funeral . . .

And, yes, I laughed when the doves
that were supposed to fly out of a wooden box
and over your grave as you were cradled
down into the earth did not. Later,
I learned they died in the dark garage
of a forgetful woman. We said a final prayer
for you as a pitying of doves scratched
and beat wings hard inside a car trunk
somewhere—a bloated and breathless
pile of plumes. Still warm. And you,
with your nails trimmed and your eyes
sewn shut, made me smile. Still,
no one ever told my grandmother
about the birds or the women you had.

No one told my grandmother
about the women—the ones who stopped
eating to fit in black-seamed stockings.
Taken to hotel beds and dressed up
for parties and family dinners
in front of the woman who had your
four children, who worked factory jobs
(sewing, selling, lining up, keeping face)
when you lost everything, who changed
your diapers when you became a seventy-eight-
year-old child. Still, no one said a word.
You were bred, they said, to love horses
and women. Galloping in custom European soles—
you win, you lose, you win, you lose, you

—win, you lose, you win, you lose. You find
faith in every folded paper clipping,
the lottery tickets, cassettes, and newspapers
you never let go. You did not leave me
white gold or sapphires in a metal box
but a suitcase full of letters, stamps,
photographs. That night the phone rings;
it's your brother calling to say goodbye.
And you, who can no longer speak
without choking, screech, moan, hit
your head against the pillow. Rocks are falling
from the sky, and you have been hit
in the stomach, rosary held tight—
I left the room when I heard your last breath.

III

LUNA

POR SI LAS MOSCAS

Sé que vivimos un poco más que un caballo pero no tanto como un cuervo.
—NAZIM HIKMET

Puedes llamarlo superstición—

    adultos corriendo
    alrededor de la manzana
    con equipaje
    para asegurar el viaje
    o enterrando dinero
    y desenterrándolo
    antes de medianoche,
    todos nosotros en cucos
    amarillos, ferozmente
    tragando doce uvas
    antes del Año Nuevo—

pero no lo es.

Estas son las tendencias
que nos hacen.

Un guiño a la telaraña
en que estamos atrapados,

como moscas hipnotizadas.
Por si las moscas,

estamos preparados
para cualquier cosa.

POR SI LAS MOSCAS

I know we live slightly longer than a horse but not nearly as long as a crow.
—NAZIM HIKMET

You can call it superstition—

    adults running
    around the block
    with luggage
    to ensure travel
    or burying money
    and digging it up
    before midnight,
    all of us in yellow
    underwear, ferociously
    swallowing twelve grapes
    before the New Year—

but it isn't.

These are the ticks
that make us.

A nod to the web
we're caught in,

like hypnotized flies.
Por si las moscas,

we're prepared
for anything.

EN UNA SOMBRA

No tengo bordes
—hasta la línea del horizonte está
           borrosa.

    El atardecer
    es flamingo
        y la noche
        es un cóndor
        secando   sus alas,
          resplandeciente.

  Cómo vale la pena
  siempre señalar
  a la luna,

especialmente cuando contrarresta
el sol del atardecer como la aguja de una brújula
que se traza a sí misma hacia la oscuridad.

Cómo cae la noche
y luego el día
debuta

  en su discoteca
    de sombra
    y resplandor:

        aquí, atrapo
        un vistazo

del reloj de sol galáctico
—estamos atrapados
y diminutos
dentro de él.

IN A SHADOW

I'm edgeless—
even the skyline is
            smudged.

                Dusk is flamingo
                        and night
                        is a condor
                        drying   its wings,
glistening.

    How it's always worth it
    to point up
    at the moon,

    especially when it counters
    the setting sun like a compass
    needle tracing itself   into darkness.

How night   falls
then day
hustles

    into its disco
            of shadow
            and glare:

here,   I catch
a glimpse
    of the   sundial—
                        we're rigged in
                        and tiny,
                        inside of it.

FORTUNA

Lecturas clarividentes
decía el letrero de neón. Rehusé
a que me leyeran la fortuna
en Kerala hasta que un viejo cojo
me persiguió por las calles
forradas con peces. Cada uno mirando
a la luna a través de un
ojo amarillo manchado—mi palma
bajo un cristal de montura negra,
magnificada.

FORTUNE

Clairvoyant Readings
read the neon sign. I refused
to have my fortune told
in Kerala until a limping old man
chased me through streets
lined with fish. Each gazed
at the moon through one
spotted yellow eye—my palm
under a black-rimmed glass,
magnified.

HILO POR HILO

Oí la incesante descomposición de la seda
—Sentí que mi corazón envejecía tánto en tiempo real.
—AGHA SHAHID ALI

Naciste en una noche taponada de nubes
al timbre de tu propio llanto de campanas.
Tu madre te alimentó hilo a hilo.

Aprendiste a amar en otro país
y el viento con sus mil manos
se llevó lo que pudo, y a través de ojos tapados con estrellas

viste al amanecer sacudirse de su piel
—y el sol de azafrán hizo llover caléndulas
cuando te entregaste hilo por hilo a otro.

Oh, cuerpo que es barrido de sus sentidos—tú
aprendiste a amar con tu cerebro y tu respiro.
Tus hijos nacerán en los años taponados de neblina

en los que curarás a tu madre como a una muñeca
y enterrarás a tu padre, cuya mente se ha deshilvanado
hilo por hilo, a la de un niño. Anidando cada palabra

como una piedra, usarás tu lenguaje como una reliquia
de familia. Y tu pecho de caléndula arderá
cuando tus nietos nazcan en una noche taponada de sueños.
Te disolverás hilo por hilo al cielo cosido en punta cruz.

THREAD BY THREAD

I heard the incessant dissolving of silk—
I felt my heart growing so old in real time.

—AGHA SHAHID ALI

You were born on a cloud-clogged night
to the ring of your own tintinnabular cry.
You were fed thread by thread by your mother.

You learned to love in another country,
and the wind with its thousand hands
took what it could, and through star-clogged eyes

you watched dawn shake loose its skin—
and the saffron sun rained marigolds
as you gave yourself thread by thread to another.

Oh, body that is swept of its senses—you
learned to love with your brain and breath.
Your children will be born into the fog-clogged

years when you'll mend your mother like a doll
and bury your father, whose mind has unspooled
thread by thread to a child's. Cupping each word

like a stone, you'll wear your language like a family
heirloom. And your marigold chest will burn
when your grandchildren are born on a dream-clogged night.
You'll dissolve thread by thread into the cross-stitched sky.

ENTRAÑABLEMENTE

Amar a otro
con tu ser entero,
tanto que lo sientes
en tus entrañas.

La definición inglesa
deja el sabor de las entrañas
en el aire. En español,
es un murmullo entre sábanas
del océano; el descorche crepuscular
de atardeceres y amaneceres; es como pulmones
cayendo por tres tramos de escaleras;
ojos borrachos con el polvo
y la miel de la Vía Láctea;
como corrientes eléctricas de dos
cuerpos que producen su propio
campo magnético, su propia rotación
entre el ritmo de la cadena
planetaria; el palpitante
equinoccial del mar;
la gigantesca lucha
de calamar y ballena
—que, enredados y muriendo,
se necesitan el uno al otro.

ENTRAÑABLEMENTE

To love another
with your entire being,
so much so that you feel
it in your entrails.

The English definition
leaves the taste of entrails
in the air. In Spanish,
it's a murmur between sheets
of ocean; the crepuscular peeling
of dusks and dawns; it is lungs
falling down three flights of stairs;
eyes drunk with the Milky
Way's dust and honey;
the electric currents of two
bodies that produce their own
magnetic field, their own rotation
among the humming string
of planets; the equinoctial
throbbing of the tide;
the gargantuan wrestling
of the squid and the whale—
who, tangled and dying,
need each other.

CONTRAPUNTAR

Allá es como acá
cuando todos estamos
defendiendo el agua.
Acá es como allá
porque nos estamos hundiendo.
La noche es como el día
cuando un canto
es una oración. El día
es como la noche cuando
los pájaros se manchan en aceite.
Mojado es como seco
cuando el grito se atasca
en tu garganta. Seco es como
mojado cuando amenazamos
a los protectores del agua
con agua a presión. Lo nuevo
es como lo viejo cuando
hay plomo en el agua.
Lo viejo es como lo nuevo
cuando las chimeneas
borran a las estrellas.
Arriba es como abajo
cuando el arrepentimiento
es una interminable
muñeca rusa.
Abajo es como arriba
cuando la perforación comienza.

CONTRAPUNTAL

There is like here
when we're all
defending water.
Here is like there
because we're sinking.
Night is like day
when a chant
is a prayer. Day
is like night when birds
wash up in oil. Wet
is like dry when the scream
stays in your throat.
Dry is like wet when water
protectors are sprayed
with pressure.
New is like old when
there's lead in the water.
Old is like new
when smokestacks
smudge out the stars.
Up is like down
when regret is an endless
nesting doll.
Down is like up
when the drilling starts.

ESTA NOCHE, LUNA

Esta noche, luna, eres suprema.
Este noviembre hace más calor
que nunca.　　Aquí estamos:
　　　　aferrados e inclinados más cerca
　　　　a ese frío cúmulo volcánico

—para ser más exacta, estamos en una
de nuestras conversaciones existenciales
mientras miramos la luna
en el capó del carro.

　　　　Sujetándonos uno al otro,
　　　　somos la gravedad.

—

Esta noche estamos en el aire
mirando　　　una proyección
　　　　de la aurora boreal reflejada
　　　　en el compartimiento de equipaje.

—

Esta noche, luna,
eres promedio.

—

Esta noche, luna, estás cálida,
gigante y nostálgica,
como un bombillo de bajo consumo
hecho para que parezca antiguo.

—

Nos pondremos tatuajes gemelos
de micro lunas en nuestros antebrazos este verano.

Hemos hecho una búsqueda exhaustiva en Google.
Pero no hay lógica detrás de esto,
excepto que nos ayudará a extrañarnos menos.

—

Cuando la próxima súper luna
florezca en el año: _____,
algunos de nosotros seguiremos aquí.

TONIGHT, MOON

Tonight, moon, you're super.
This November is hotter
than most.   Here we are:
            clung and tilted closer
            to that cold volcanic cluster—

to be more exact, we're having one
of our existential talks
while moon gazing
on the car hood.

            Holding each other,
            we are gravity.

—

Tonight we're in the air
watching   a projection
            of the northern lights bounce off
            the overhead baggage bin.

—

Tonight, moon,
you're average.

—

Tonight, moon, you're warm,
oversized and nostalgic,
like an energy-saving light bulb
made to look vintage.

—

We'll get matching
micromoons tattooed
on our forearms this summer.

    There's been a thorough Google search.
    But there's no logic behind it,
    except to miss each other less.

—

When the next supermoon
blooms in the year: _____,
some of us will still be here.

SAVASANA

Con los pies y las rodillas relajadas y las palmas abiertas al techo,
estoy acostada en mi espalda con labios

un poco separados, con ojos casi cerrados.
Mi profesora de yoga brilla cuando me dice

he mejorado en Savasana, en ser un cadáver.
Gané el premio al mejor dormilón en kindergarten

—mi primer logro académico, un chiste familiar.
En pose de cadáver en el suelo de madera, cada inhalación

me entierra, el flujo y reflujo de todo me envuelve.
La base de mi espalda es lo único que retiene

su curva: un cálido cielo crepuscular, la madriguera de un conejo,
una lápida. En español dos veces, en inglés una vez;

cuando niña le rezaba a María, a Jesús, a Dios.
Mi ritual metronómico de la hora de dormir: *Santa María,*

Madre de Dios, ruega por nosotros,
pecadores   Hallowed be your name   Padre nuestro,

que estás en el cielo   Dios te salve, María, llena eres
de gracias   Thy kingdom come, thy will be done

—Ahora y en la hora de nuestra muerte   In the name
of the Father, the Son, y el Espíritu Santo. Amen.

Después de decir sus oraciones, mis sobrinos son arrullados
con serenatas cada noche; para que duerman bien

y para que se levanten bien. Los niños se calman
oyendo a sus padres cantar—*duerma, duerma,*

no hay nada que temer—cada vocal retenida,
un pequeño llanto. Las canciones de cuna nos preparan

para la muerte. Boca arriba en un cuarto lleno de gente,
imitando cadáveres. La clase respira

un indulto colectivo mientras aprendemos a vivir
con la muerte rascando el dorso de nuestras manos.

SAVASANA

With feet and knees flared and palms facing
the ceiling, I'm lying on my back with my lips

slightly parted, with my eyes mostly closed.
My yoga teacher gleams when she tells me

I've gotten better at Savasana, at being a corpse.
I won the best sleeper award in kindergarten—

my first academic achievement, a running family joke.
In corpse pose on the wooden floor, every inhale

buries me, the ebb and flow of it all engulfs me.
The small of my back is the only thing that retains

its curve: a warm twilit sky, a rabbit's hole,
a tombstone. In Spanish twice, in English once;

as a child I prayed to Mary, to Jesus, to God.
My metronomic bedtime ritual: *Santa María,*

Madre de Dios, ruega por nosotros,
pecadores   Hallowed be your name   Padre nuestro,

que estás en el cielo   Dios te salve, María, llena eres
de gracias   Thy kingdom come, thy will be done—

Ahora y en la hora de nuestra muerte   In the name
of the Father, the Son, y el Espíritu Santo. Amen.

After saying their prayers, my nephews are sung
to sleep each night; so they will be kept,

so they will wake up. Children grow calm
hearing their parents sing—*sleep, sleep,*

there's nothing to fear—each withheld vowel,
a tiny cry. Lullabies are meant to prepare people

for dying. Lying face up in a room full of people,
we imitate corpses. The class breathes

a collective reprieve as we learn to live
with death scratching at the backs of our hands.

MADRE MÁQUINA

Pedal de pie inclinado bajo su falda. Sus ojos
en la aguja el metal el hilo la tela.
Deslizándose a través de los pinchazos, una espina corta
a través de pulgadas de aire—la niña se eleva
y gira por encima del carretel
desenrollándose; baila descalza alrededor de la madre máquina.

Un puñado de abejas chapotea dentro del motor de la máquina
son plateadas y con grandes ojos
de tornillo, zumban a través del carretel
que se deshace, casando tela a tela
—pinchan y elevan—pinchan y elevan
—sus aguijones encienden pequeños fuegos que cortan

sus pulmones morados. Con cada nuevo corte
que la madre hace, la hija es más máquina
y menos niña; sin aliento y sin pulso se levanta.
O ¿está llena de aliento cuando sus ojos
de espejo y candelabro son testigos de cómo la tela
hace comunión con el hilo? Y el carretel

cómo se derrama su seda, cómo su canción carretea
en el cuarto, donde la madre corta
a través de sus lágrimas nocturnas corriendo la tela
de cachemira y pavo real a través de la maquinaria
de su mandíbula mientras su hija sonámbula de ojos
enormes (que tararea como una abeja) se levanta

sobre la casa se levanta
más alto, más alto, se desencarreta
en las nubes noctilucentes. Estrellados, sus ojos
se llenan con la casita y escucha cómo cada corte
exhala, exhala. Le teme a la máquina
que ancla su cometa de tela

y hueso a su madre, que la cortó de una tela
demasiado parecida a la de ella. ¿Cómo puede la hija levantarse
a través del constante murmullo de la máquina
que desangra el carrete
gota a gota sin jamás cortar
sus ataduras? ¿Cómo puede escaparse de los ojos,

de los ojos hipnóticos de su madre o de las montañas de tela
nublando todo mientras intenta cortarse de la casa? La aguja eleva
y se hunde. La madre encarreta a la niña en la zumbeante máquina.

MOTHER MACHINE

Foot pedal tilting below the skirt. Their eyes
on the needle the metal the thread the cloth.
Sliding through jabs a fish spine cuts
through inches of air—then little one rises
and whirls above unwinding spool,
barefoot she dances round mother machine.

A bundle of bees tinkers inside the machine's
engine—they are silver & bolt-eyed
& buzzing through the shedding spool,
wedding cloth to cloth
with a prick & rise—& a prick & rise—
their stingers strike tiny fires that cut

into her purple lungs. With each new cut
the mother makes, the daughter is more machine,
less girl; breathless pulseless she rises.
Or is she fuller of breath when her eyes
of mirror & candlewick witness the cloth's
communion to thread? & the spool

how its silk leaks, how its song spools
into the room, where the mother cuts
through her nocturnal tears by running the cloth
of paisley & peacock through the machinery
of her jaw while her somnambular wide-eyed
daughter (who hums like a bee) rises

above the house she rises
higher, higher, unspooling
into the noctilucent clouds. Starlit, she eyes
the tiny house & listens for the gliding cut's
exhale, exhale. She fears the machine
that anchors her kite of cloth

& bone to her mother, who cut her of a cloth
too similar to hers. How can the daughter rise
through the droning bleat of the machine
that drains the bleeding spool
drop by drop without ever cutting
her away? How can she get away from the eyes,

from her mother's hypnotic eyes or from the piles of cloth
that cloud the room as she tries to cut away? The needle rises
& sinks. The mother spools her into the buzzing machine.

SELENOGRAFÍA

De nuevo esta mañana, gotas golpean
repetidamente la caja de metal afuera de mi ventana

y me despierto a estos sonidos de agua
y al anunciador del tren Q

diciéndome que son las 9:15 del viernes 9 de octubre
y que la próxima parada es la Séptima Avenida,

y viajando en tren, a las once menos cuarto,
en el puente mojado sobre el río

admiro desde una ventana otro puente de ladrillo
y hago una lista de cosas por hacer

empezando por llamar a Mamá,
que se inscribió en una clase de escritura

y me ha dejado seis mensajes,
cada uno pidiendo ayuda—aunque la llamaré

sólo después de las cinco, cuando yo termine de venderle
libros a extraños tras de los leones gemelos,

a través de las puertas de la biblioteca, en el primer piso
de mármol recién trapeado

arreglo las cubiertas duras y atiendo
a los clientes, cada uno de los cuales compra

ambos libros ($90)—asiento y sonrío con ellos
y me pregunto qué aprenderán

de un diálogo entre un neurocientífico
y una bailarina moderna; el tema

de su conversación es fenomenología
—cuando esto es revelado, me muerdo el labio y observo

la audiencia *hmm* y *ooh*, algunos moviendo sus cabezas hacia un lado,
otros sosteniendo su barbilla

entre el pulgar y el índice
—y después de venderles todo, camino

por una llovizna nocturna
al East Village para encontrarme con Alice

para un café, en cambio pedimos chocolate caliente,
y agradecemos el calor mientras hablamos

sobre nuestras semanas y planes
de mejores trabajos que no resuelven nada,

y después nos vamos al Bronx
a ver a su novio en una obra de teatro

sobre el conflicto palestino-israelí,
en la que el actúa como ratón animado

antisemita, y cuento las luces azules
colgando del techo de la caja negra;

salgo en el intermedio y tomo el tren
de regreso en el puente, en mi calle

me saludan los niños que saltan en la agua
de un hidrante roto, pienso *tan Nueva York*

—mientras subo las escaleras, suena mi teléfono, es mi madre
y está llorando, me pregunta si he leído el periódico,

si viera lo que le hicieron a la luna
—*los hombres siempre están buscando agua o aceite*

en cualquier lugar... sé que es importante para la ciencia
pero no puedo creerlo, mi madre,

que siempre ha hablado y rezado a la luna,
entre otros dioses, a la que he visto

meditar bajo eclipses, y ahora mismo,
frente a mi ventana, no puedo decir si está enojada

con los científicos o conmigo, pero busco
su cara en el cielo nublado.

SELENOGRAPHY

Again this morning, drops repeatedly tap
the metal box outside my window,

and I wake to these sounds of water
and the Q train track announcer

telling me it's 9:15 on Friday October 9th
and that the next stop is 7th Avenue,

and riding the train, now a quarter to eleven,
on the wet bridge over the river

I admire from a window another brick
bridge and make a list of to-do's

starting with calling Mother,
who's enrolled in a writing class

and has left me six messages,
each asking for help—though I'll call

only after five, until then I sell books
to strangers past the twin lions,

through library doors, downstairs
along freshly mopped marble floors,

arranging the hardcovers and tending
to customers, each of whom buys

both books ($90)—and I nod, smile
at them, and wonder what they'll learn

from a dialogue between a neuroscientist
and a modern dancer; the topic

of their conversation is phenomenology—
as this is revealed I bite my lip and watch

the audience *hmm* and *ooh*, some cocking
heads to one side, others holding chins

between thumb and forefinger—
and after selling out, I walk

through an evening drizzle
to the East Village to meet Alice

for coffee, ordering hot cocoa instead,
and welcome the warmth as we talk

about our weeks and plans
for better jobs, which resolves nothing,

and next we head uptown
to see her boyfriend in a play

about the Israeli-Palestinian conflict,
in which he was cast as an anti-Semitic

cartoon mouse, and I count the blue lights
hanging from the black-box ceiling,

leave at intermission, and ride the train
back over the bridge, on my street

I'm greeted by kids jumping into the spray
of a broken hydrant, *how New York* I think—

as I walk upstairs, my phone rings, it's my mother,
and she is crying, she asks if I've read the paper,

if I saw what they did to the moon—
men are always looking for water or oil

somewhere—*I know it's important for science*
but I just can't believe it—my mother,

who has always talked and prayed to the moon,
among other gods, whom I've watched

meditate under eclipses—and right now,
standing at my window, I can't tell if she's mad

at the scientists or at me, but I search
for her face in the clouded sky.

MECANISMO DE DEFENSA

Todas las cosas que son, son igualmente removidas de ser nada
—JOHN DONNE

En un semáforo en rojo soy golpeada
en el lado de mi carro y patino
a través de cuatro carriles. Cruzo
la calle y me convierto en una flor
aplastada contra el suelo por un autobús.
A diferencia de la zarigüeya, no puedo
hacerme la muerta, ni tampoco mi cuerpo
puede enrollarse en una concha de armadura.
Me faltan las espinas venenosas,
el pico, los colmillos, las costillas
que se rompen y lanzan, la carne gelatinosa
y bioluminiscente, la coloración críptica.
La larga piel que sostiene
todos mis huesos mientras camino,
manejo, sueño, parece demasiado delgada.
Y aún así, viniendo a respirar después de
ser apuñalada por el mar otra vez,
me doy cuenta de que no estoy preparada
para convertirme en algo sin nombre.

DEFENSE MECHANISM

All things that are, are equally removed from being nothing
—JOHN DONNE

At a red light I am smashed
into the side of my car as I skid
across four lanes. I cross
the street and become a flower
pressed into the ground by a bus.
Unlike the opossum, I cannot play dead,
nor can my body coil into an armored
shell. I lack the venom-tipped spines,
the beak, the fangs, the rib cage
that breaks to spear, the bioluminescent
jelly flesh, the cryptic coloration.
The long skin that holds
all my bones—while I'm walking,
driving, dreaming—seems rather thin.
Yet, coming up for breath after
getting pummeled by the sea again,
I'm reminded that I am not ready
to become a nameless thing.

ÚLTIMA CHICA

Esta es la parte de la película en la que salgo
del teatro: se rompe el tacón
en el callejón, la línea telefónica es cortada,
la casa se oscurece.

La supervivencia puede parecer suerte tonta.
Quedan dos paticos
en el borde del lago.

También me voy cuando la hebilla del cinturón
se afloja, cuando la mano enguantada cubre
su boca, cuando los violines
suenan como un cuarto lleno de mujeres llorando.

De las inundaciones, los tejanos rescataron
vacas destinadas al matadero.
A estas alturas ya han sido electrocutadas,
empacadas, vendidas, cocinadas, masticadas, digeridas.

Dejo de correr en la oscuridad.
Dejo de tomar taxis.
Cuando mi pareja sale tarde, dejo
todas las luces prendidas.

FINAL GIRL

This is the part of the film when I leave
the room: she breaks her heel
in the alley, the phone line is cut,
the house goes dark.

Survival can read as dumb luck.
There are two baby ducks left
at the edge of the pond.

I also leave when the belt buckle
loosens, when the gloved hand
covers her mouth, when the violins
sound like a roomful of women crying.

From the floods, Texans rescued
cattle destined for slaughter.
By now they've been electrocuted,
packaged, sold, cooked, chewed up, digested.

I stop running after
dark. I stop taking cabs.
When my partner is out late I leave
all the lights on.

SOBREVIVIR:

más precisamente, vivir
por lo alto. ¿Podemos
mirar una foto sin
sobre-vivirla?

Por naturaleza
nos burlamos de los bordes
bidimensionales de la foto:
un árbol de toronja

de setenta años
en Thonotosassa.
Siente el peso
de cada fruta colgando

—lunas engrosadas
en sepia. Este árbol
nos sobrevivirá,
sólo ofreciendo su regusto:

la acidez burbujeante que guardamos
bajo nuestras lenguas, reservada
para cuando algo nos confunde:
anillos de árboles, el océano dentro

de cada rebanada, incluso
el colectivo. Aunque
hasta ahora he usado *nosotros*
en la mayoría de estas estrofas,

pero de repente
aquí estoy:
pelando membrana
de mis dedos.

SOBREVIVIR:

to survive; more
precisely, to overlive. Can we
look at a photograph
without overliving?

By default we scoff
at the two-dimensional
edges of the photo:
a seventy-year-old

grapefruit tree
in Thonotosassa.
Feel the heft
of each fruit hanging—

engorged moons
in sepia. This tree
will outlive us,
offering only its aftertaste:

the tang we keep blistering
under our tongues, reserved
for when something baffles:
tree rings, the ocean inside

each slice, even
the collective. Yet,
until now I've used *we*
in most stanzas,

but suddenly
here I am.
I'm peeling pith
from my own fingertips.

REFLEJO DE SOBRESALTO

Cuando lloras, lloro. Cuando comes, como.
Cuando duermes, leo las noticias:
un tiroteo, un tiroteo, un tiroteo y luego
otro. Niños atrapados en campos fronterizos, todavía.
Los niños: morenos. Los pistoleros: blancos. Tus ojos: azules,
como los de tu padre. ¿Se volverán cafés como los míos,
como los de mi madre y los de su madre
y los de todas las madres que nos hicieron?

Cuando la bandera está a media asta, nunca es para estos cuerpos.
Como nuevos americanos, mis padres envolvieron a sus hijas
en cobijitas y pensaron seguro, safe.
Seguro. Sure. Cuando te canto en español
estoy rezando. Cuando estás llena, tu cabeza gira hacia atrás,
tu brazo se abre como una ala.

STARTLE REFLEX

When you cry, I cry. When you eat, I eat.
When you sleep, I read the news:
a shooting, a shooting, a shooting, and then
another. Children trapped in border camps, still.
The children: brown. The gunmen: white. Your eyes: blue,
like your father's. Will they turn brown like mine,
like my mother's and her mother's
and all the mothers that made us?

When the flag is at half-mast, it is never for these bodies.
As new Americans, my parents wrapped their daughters
in cobijitas and thought safe, seguro.
Seguro. Sure. When I sing to you in Spanish
I am praying. When you're full, your head rolls back,
your arm flings open like a wing.

RECONOCIMIENTOS

GRACIAS PRIMERO a Rosa Alcalá y a Jen Benka y Nikay Paredes de la Academia de Poetas Americanos. Hicieron realidad mi sueño de publicar un libro de poesía bilingüe. Gracias a Scott De Herrera, Mari Herreras, Diana Rico, Abby Mogollón, Leigh McDonald, Amanda Krause, Kathryn Conrad, Julia Balestracci y a todo el brillante equipo de la University of Arizona Press. Han hecho de este proceso una alegría.

Me gustaría agradecer a las siguientes revistas por publicar algunos de los poemas de esta colección: *Acentos Review*, *Lumina*, *Juke Joint*, *Yes Poetry*, *Best New Poets*, *Forage*, *Aquifer*, *Burrow Press*, *Cosmonauts Avenue*, *Entropy*, *Wildness*, *Cagibi*. Versiones anteriores de algunos poemas aparecieron en mi libro de capítulos *Your Biome Has Found You* (Finishing Line Press, 2017).

Gracias a mis profesores/mentores/héroes: Isabel de Sena, Jay Hopler, Jeffrey McDaniel, Ira Sukrungruang, Shirley Kaplan, Katherine Riegel, Rita Ciresi, John Fleming, Suzanne Gardinier, CAConrad, Richard Blanco, Raquel Salas Rivera, Maggie Smith y Marilyn Hacker.

Gracias a toda mi bella familia por su permanente apoyo. A mi madre, Maria Muñoz Borbón, gracias por enseñarme a seguir siempre mi instinto creativo, y a mi padre, compañero poeta Al Muñoz, gracias por ser el mejor editor y promotor de mi escritura. A mi hermana, Rose, gracias por ser mi confidente de toda la vida.

Este libro fue construido durante muchos años, talleres, caminatas y grupos de crítica. Estoy agradecida por la amistad de Eleanor Eichenbaum, su humor irónico y sus consejos en muchas iteraciones de estos poemas. Gracias también a Nicole Caron por su atenta crítica y por traer siempre bocadillos. Gracias a todo mi grupo de escritores y a las muchas almas creativas que directa o indirectamente me ayudan a escribir poesía: Maggie, Vivian, Lauren, Sam, Leona, Annie, Melissa, Kim, Namie, Robert, Caitlin, Chanel, JD, Yuki, Brian, Paul, Maureen, Shane, Cole, y muchos otros.

Por último, gracias al siempre fenomenal Mark, mi brújula, mi querida estrella. Dedico este libro a nuestra hija, la pequeña luna que hemos bienvenido a esta vida.

ACKNOWLEDGMENTS

THANK YOU first to Rosa Alcalá and to Jen Benka and Nikay Paredes from the Academy of American Poets. You made my dream of publishing a bilingual poetry book a reality. Thank you to Scott De Herrera, Mari Herreras, Diana Rico, Abby Mogollón, Leigh McDonald, Amanda Krause, Kathryn Conrad, Julia Balestracci, and all the brilliant team at the University of Arizona Press. You've made this process a joy.

I'd like to thank the following journals for publishing some of the poems in this collection: *Acentos Review*, *Lumina*, *Juke Joint*, *Yes Poetry*, *Forage*, *Aquifer*, *Burrow Press*, *Cosmonauts Avenue*, *Entropy*, *Wildness*, *Cagibi*. I'm also grateful to editors of the *Read Water*, *Best New Poets*, and *Going Om* anthologies. Earlier versions of a few poems appeared in my chapbook *Your Biome Has Found You* (Finishing Line Press, 2017).

Thank you to my teachers/mentors/heroes: Isabel de Sena, Jay Hopler, Jeffrey McDaniel, Ira Sukrungruang, Shirley Kaplan, Katherine Riegel, Rita Ciresi, John Fleming, Suzanne Gardinier, CAConrad, Richard Blanco, Raquel Salas Rivera, Maggie Smith, and Marilyn Hacker.

Thank you to all of my family for their enduring support. To my mother, Maria Muñoz Borbón, thank you for teaching me to always follow my creative instinct, and to my father, fellow poet Al Muñoz, thank you for being the best editor and advocate for my work. To my sister, Rose, thank you for being my lifelong confidant.

This book was built over many years, workshops, walks, and critique groups. I'm grateful for Eleanor Eichenbaum's friendship, wry humor, and caring advice on many iterations of these poems. Thank you as well to Nicole Caron for your thoughtful feedback and for always bringing snacks. Thank you to all the members of my writing group and to the many creative souls who directly or indirectly help me write poetry: Maggie, Vivian, Lauren, Sam, Leona, Annie, Melissa, Kim, Namie, Robert, Caitlin, Chanel, JD, Yuki, Brian, Paul, Maureen, Shane, Cole, and many others.

Lastly, thank you to the ever phenomenal Mark, my compass, my darling star. I dedicate this book to our daughter, the tiny moon we've welcomed into this life.

SOBRE LA AUTORA

GLORIA MUÑOZ es la orgullosa hija de inmigrantes. Escritora, traductora literaria, editora y defensora de la alfabetización y la escritura multilingüe, Gloria recibió el Premio Ambroggio 2019 de la Academia de Poetas Americanos. También ha sido honrada con el Premio de Escritura Multilingüe de *Lumina*, con una beca de Mentores de Las Musas para autores Latinx de literatura infantil, una beca del Instituto de Escritores de Verano del Estado de Nueva York, una beca Creative Pinellas, un premio de poesía de humanidades de la Universidad del Sur de Florida, una beca para artistas "Think Small to Think Big" y una beca de desarrollo profesional Jim Rolston de la Alianza de las Artes de San Petersburgo. Su palabras se han publicado en *Puerto del Sol*, *VIDA Review*, *Acentos Review*, *Lumina*, the *Rumpus*, *Yes Poetry*, *Juke Joint*, *Best New Poets*, *Sweet*, *Burrow Press*, *Cosmonauts Avenue*, *Entropy*, *Wildness*, *Cagibi* y otros lugares. También es la autora de *Your Biome Has Found You*. En el otoño de 2019, Gloria fue parte del taller inaugural de ficción YA de Tin House. Recibió un BA de la Universidad Sarah Lawrence y un MFA de la Universidad del Sur de Florida. Gloria es cofundadora de la organización de cine independiente Pitch Her Productions y la mitad del equipo de composición de canciones moonlit música. Escribe, enseña y vive en San Petersburgo, Florida.

ABOUT THE AUTHOR

GLORIA MUÑOZ is the proud daughter of immigrants. A Colombian American writer, literary translator, editor, and advocate for multilingual literacy and writing, Gloria was awarded the Academy of American Poets 2019 Ambroggio Prize. She has also been honored by *Lumina*'s Multilingual Writing Award, a Las Musas Mentorship for Latinx and nonbinary kid lit authors, a New York State Summer Writers Institute Fellowship, a Creative Pinellas Grant, a University of South Florida Humanities Poetry Award, a "Think Small to Think Big" artist grant, and a St. Petersburg Arts Alliance's Jim Rolston Professional Development Grant. Her writing has appeared in *Puerto del Sol*, *VIDA Review*, *Acentos Review*, *Lumina*, the *Rumpus*, *Yes Poetry*, *Juke Joint*, *Best New Poets*, *Sweet*, *Burrow Press*, *Cosmonauts Avenue*, *Entropy*, *Wildness*, *Cagibi*, and elsewhere. She is also the author of the chapbook *Your Biome Has Found You*. In the fall of 2019, Gloria was selected to attend the inaugural Tin House YA Fiction Workshop. She received a BA from Sarah Lawrence College and an MFA from the University of South Florida. Gloria is a cofounder of the indie film organization Pitch Her Productions and one-half of the songwriting team moonlit música. She writes, teaches, and lives in St. Petersburg, Florida.